AF415089

GAIA DIANA DALIA GULIZIA

La Natura della Luce

◆

EDIZIONI WE

Foto di copertina di Gaia Diana Dalia Gulizia

ISBN   979-12-5497-029-4

www.clickpertutti.com
www.edizioniwe.com
www.facebook.com/edizioniwe
www.instagram.com/edizioniwe
info@edizioniwe.com

PREFAZIONE
di Nicola Bergamaschi

La vita è un qualcosa di straordinario e un giorno, non per caso (nulla accade mai per caso), nel cammino di Edizioni We è giunta la "luce" di Gaia Diana Dalia Gulizia.

Quando ci si imbatte nell'anima eccezionale che è Gaia si deve solo ringraziare e ci si deve sentire sinceramente fortunati.

Gaia, attraverso il suo essere fatto di sensibilità, garbo innato, lavoro, professionalità, conoscenza è esempio per quella moltitudine che si trova nella necessità di scoprire la "propria direzione". Gaia è "straordinaria guida" e va conosciuta.

Edizioni We è, pertanto, onorata di portare questa opera (ricca e che tocca il cuore) e la sua autrice, all'attenzione dei lettori nel mondo.

Nicola Bergamaschi
(editore)

PREFAZIONE
di Anubis Alejandro

In questo viaggio che abbiamo chiamato amorevolmente vita, attraversiamo innumerevoli eventi che costruiscono nuove esperienze, permettendoci di evolvere, di essere giorno dopo giorno una versione migliore di noi stessi, più consapevole, più responsabile, più amorevole, più piena di vita, più piena di comprensione, più piena di pace, ed è proprio così, nella pace, che la Luce della Natura Divina con la quale siamo stati creati dall'energia Assoluta, chiamiamola con il nome che più ci risuona: Dio, Padre, Madre, Universo, etc.; brilla di una calda intensità che abbraccia la nostra memoria illuminando l'oscurità.

Fu così, in questo modo, in questo stato di chiarezza e luce, che la vita ha ri-trovato Gaia e me, in quell'autunno nel bel continente africano. Abbiamo subito unito la nostra energia, esplorandoci nei nostri interessi personali: la comprensione della vita attraverso l'amore in molteplici forme: cinema, recitazione, teatro, poesia, romanzo, narrativa, reiki, Corso in Miracoli, canti sciamanici e suoni curativi, oltre a un lungo eccetera, eccetera, eccetera; tutto ciò ci ha consentito di creare insieme film di Amore per portare un messaggio di trasformazione nel mondo: abbiamo quindi fondato la casa di produzione GAALA FILMS con la quale, attraverso le nostre creazioni artistiche, abbiamo raggiunto tutti coloro che osservano, respirano, sentono e vivono le nostre opere.

Oggi ho la fortuna e la gioia di meravigliarmi nuovamente e rimanere colpito dal meraviglioso talento del suo cuore di esprimere in lettere l'amore verso ogni memoria della sua vita, plasmando così, in paragrafi brevi, sottili e potenti, storie che, come la Luce del suo Spirito, illuminano la mente del lettore e abbracciano nel suo cuore il momento presente, offrendogli una piacevole esperienza con il testo, trasportandolo in scenari onirici, dove la sensibilità della sua anima entra in contatto con ogni parola diventando protagonista, per godere del venire alla luce, viaggiare ed espandersi in ogni poesia, riconoscendo se stesso come un "processo" di integrazione, apprezzamento e accettazione nella vita, permettendo sempre più a se stesso di essere foglia d'albero, tanto quanto un oceano di opportunità, un soffio di vento, la potenza trasformativa del fuoco, e così guardarsi per quello che è: un'estensione completa e perfetta dell'Energia Creatrice Totale del Cosmo, recuperando così il suo alimento per nutrirsi di energia vigorosa ed essere come sempre è stato: libero, senza vincoli, senza limitazioni, con ogni possibilità di respirare nel grembo così come nel cielo, senza paura.

Connettendoci con la natura della luce nei nostri cuori, la chiarezza farà emergere un' esplosione di amore così grande da permetterci di guardare il cielo per dire: GRAZIE, perché oggi vivo, perché oggi respiro, perché oggi IO SONO.

Alla memoria del nostro cuore, alla memoria del nostro spirito, oggi dico: GRAZIE, perché ho trovato in Gaia la fiamma gemella di luce per creare ed espandere l'energia dell'universo in ogni momento.

Caro lettore, ti auguro di godere di ogni poesia di questo libro tanto quanto la sua autrice, attraverso il suo cuore amorevole, ha assaporato la scrittura di ogni parola.

Lunga e fruttuosa vita al cuore pieno di stelle, galassie e pianeti che l'Universo ha riposto in te.

Con Rispetto, Amore e Ammirazione,

Anubis Alejandro
(artista e terapeuta)

PREFAZIONE (in spagnolo)
di Anubis Alejandro

Durante este trayecto al que amorosamente hemos llamado vida, atravesamos incontables eventos que van construyendo experiencias nuevas, permitiéndonos evolucionar, ser día a día, una mejor versión de nosotros mismos, más consciente, más responsable, más amorosa, más llena de vida, más llena de entendimiento, más llena de paz y es justo así, en la paz, donde la Luz de la Naturaleza Divina con la que hemos sido creados por la energía Absoluta, llamémosle con el nombre que mejor nos parezca: Dios, Padre, Madre, Universo, etc; refulge con una cálida intensidad que abraza nuestra memoria iluminando la oscuridad.

Fue así, de esa manera, en ese estado de claridad y luz que la vida nos re encontró a Gaia y a mi aquel Otoño en el hermoso continente Africano.

Inmediatamente cohesionamos nuestra energía descubriéndonos en nuestros particulares intereses: la comprensión de la vida a través del amor en múltiples formas: cine, actuación, teatro, poesía, novela, narrativa, reiki, curso de milagros, cantos chamanicos y sonidos sanadores así como un largo etcétera, etcétera, etcétera; todo ello nos permitió crear juntos películas de amor para llevar un mensaje de transformación al mundo, fundamos entonces GAALA FILMS productora con la que hemos, a través de nuestras creaciones artísticas, llegado a todos quienes observan respiran, sienten y experimentan nuestras obras.

Hoy tengo la fortuna y la dicha de nuevamente maravillarme de grata y sorpresiva manera con el hermoso talento de su corazón para expresar en letras el amor hacia cada memoria de su vida, plasmando así, en escuetos, sutiles y poderosos párrafos, historias que como la Luz de su Espíritu, iluminan la mente del lector y abrazan en su corazón el instante presente brindándole una placentera experiencia con el texto transportándolo a escenarios oníricos dónde la sensibilidad de su alma conecta con cada palabra volviéndose protagonista para disfrutar naciendo, recorriendo y expandiéndose por cada poema, reconociéndose a sí mismo como un "proceso" de integración, de reconocimiento y de aceptación en la vida, permitiéndose cada vez más ser hoja de árbol, tanto como océano de oportunidades, soplo del viento, fortaleza transformadora de fuego y así, mirarse como lo que es: una completa y perfeccionada extensión de la energía Absoluta Creadora del Cósmos, recuperando entonces su alimento para nutrirse de energía vigorosa y ser como siempre ha sido: libre, sin ataduras, sin limitación, con toda la posibilidad de respirar en el vientre tanto como en el cielo sin miedo.

Al conectar con la naturaleza de la luz en nuestro corazón, la claridad detonará una explosión de amor tan grande permitiéndonos mirar el firmamento para decir: GRACIAS, por que hoy vivo, por que hoy respiro, por que hoy SOY.

A la memoria de nuestro corazón, a la memoria de nuestro espíritu hoy le digo: GRACIAS, por que encontré en Gaia a la llama gemela de luz para crear y expandir la energía del universo en cada momento.

Querido lector, deseo disfrutes cada poema de este libro tanto como su autora, a través de su amoroso corazón, gozo escribiendo toda palabra.

Larga y fructífera vida al corazón lleno de estrellas, galaxias y planetas que el Universo en tu interior depositó.

Con Honra, Amor y Admiración

Anubis Alejandro.

PRESENTAZIONE
di Gaia Diana Dalia Gulizia

La Natura della Luce è una piccola pinacoteca dell'Anima.

Il viaggio essenziale per ogni esploratore presente alla vita: quello nel cuore dello Spirito, nelle acque dell'*Interior*.

Parole suggerite dall'ispirazione superiore prendono forma e voce, offrendosi all'Ascolto, disponibili a essere adottate.

Gli Elementi ricorrono come Archetipi vivi che informano della loro Essenza il percorso umano, portando ispirazione e arricchimento.

Luce è nutrimento e purificazione dello sguardo, vibrazione dalla quale lasciarsi abbracciare per poi restituirne la carezza, accompagnata da un canto intenso e vitale come la volontà di Essere.

Gaia Gulizia

La Natura della Luce

Ai miei genitori.
Ai miei Antenati materni, paterni, e spirituali.
Agli Esseri Animali amati.

Invito a incontrare le parole di questo libro come creature vive, da abbracciare e lasciare risuonare, accogliendo così il messaggio che portano.

Invito ad assaporare Poesia nell'intimità del silenzio, ascoltando sgorgare il suono interno.

Invito a leggere Poesia ad alta voce, aprendo la finestra e lasciando che le parole spicchino il volo e viaggino per il mondo.

Invito a condividere Poesia con chi sa ascoltare, creando una comunione sacra che genera poesia nuova.

(Gaia Gulizia)

1.

Grazie per la mia Nascita

A ogni respiro
Ri-Nasco
nel Grembo del Mondo

Grazie
sono Presente

Nasco e
rinasco
imparo parole nuove
che servono il Canto.

2.

Ora

in un giardino spoglio di nuvole
ascolto il Presente
compagno di Respiro.

3.

Il piccolo sole
avvolto
nel lenzuolo dell'Inverno
emana gioia vibrante
che cova Primavera.

Non c'è nulla da attendere
tutto
da onorare

La stagione
racchiude in nuce
la sua estensione.

4.

Siamo invitati a Essere

alti
e profondi

ad apprendere la voce del Mare
alla radice della Montagna.

5.

Camminando in Consapevolezza
ascolto il soffio del Cosmo.

Inspiro. Cammino.
Sono Qui, Ora.

Espiro, sono il respiro di ogni fratello.
In ogni fratello
Io Sono.

6.

Si suggerisce di rispettare il Silenzio
per ascoltare
le parole degli Alberi.

Sono qui
non attendo
non ricordo.

Faccio radici
esploro il Cielo.

7.

Si muove
mi muove
porta raggi
e brezza leggera

Chi canta sottovoce al mio fianco?

8.

Limpido
come un banchetto di cielo
il mio spazio interno
trova pace.

9.

Nel bosco

si sciolgono domande

i passi diventano
lumi silvestri

Canto

di intima Voce.

10.

Nutrirsi di meraviglia
appagare la fame
lasciare spazio al desiderio
saltare di gioia.

La ricchezza si trova
lungo il Cammino.

11.

Ogni nuova mattina
abbraccio la Ri-Nascita

Note di sole
accarezzano
l'Unità dell'Essere

in questo stare
radicato
alato

Io Sono

UniVerso sonoro.

12.

In cima alla Montagna

incontro
la Natura delle nuvole

il loro passaggio impermanente
il mio sorriso
nascosto.

13.

Spezzo il pane
osservo il sole
rotola sulla mia lingua
come mollica di vita

annuso ed espiro
un nuovo respiro
sa di pane
di vita vissuta

impasto pane
creo poesia
con il corpo e lo spirito
con la terra e il cielo.

14.

Intono la mia nota tonale
dando voce
al fiorire della primavera

il mio canto è
ali e trilli

il suo volo
scardina ogni serratura

Do voce al volo
volo il canto

sono libera e incondizionata.

15.

Luna Nuova.

Permetto alla voce
di percorrere la Montagna

scivola
lungo le sue asperità

abbracci severi
scogli d'alta quota
raccolgono le energie del Mondo.

16.

Di Arte e Natura mi nutro
e porto nutrimento
la mia Libertà
nasce nel grembo del cuore
nel respiro della mente

17.

Traccia orme di sole
per il Cammino
lo Spirito lieve
che nella notte
alita voci
sorridenti d'Anima.

18.

Scelgo di restare
in osservazione delle radici

approfondisco
l'Ascolto

Epifania

la voce delle creature viventi
si fa luce e vento
intreccia l'abbraccio dei rami

Illuminazione.

19.

Lo specchio lucida
gli occhi impolverati

luce del mattino
spazio vuoto

riprende l'andare
sul treno del mare
verso giovani energie
di nuova saggezza.

20.

- 41 -

Fioriamo in baci di sole
nel profumo dell'oggi
cantando come le api
dal fiore
al cielo.

21.

Nutrire corpo di terra
abbracciando il respiro dell'aria.

Albero è
la saggezza dello slancio
il coraggio di un fermo restare
di un delicato curare
rami e radici
me
e gli altri che in me sono.

22.

Semina di fiori nuovi
finestre rinfrescate

annuso l'aria
sulle lenzuola di sapone

la Luna si annuncia
canticchiando note di mare.

23.

Accolgo
il nutrimento
dell'Essere Vita

mi faccio embrione
di Felicità

apparecchio la tavola
dell'Espansione.

24.

Il piede sinistro
inizia la meditazione

scivolando consapevole
sulla foglia che lo precede

il rosso esulta

Io vivo !

Ogni cosa è rischiarata
dal sorriso
della Bellezza.

25.

Si prepara lento
il concerto
note d'interno
musici di oro verde

il pane lievita
nel forno
acceso dalla Cura.

26.

Assaporo il cielo vascello

occhi che ascoltano
mani che pregano

la scrittura fluisce
dettata dal quinto cerchio

mentre i piedi rinsaldano i bulbi
il corpo sottile viaggia
in un soffio.

27.

Questo vuoto
così pieno
di rotonde promesse
tabula rasa
pagina bianca
tuffo
che abbacina.

Luce
chiama
gli Iniziandi.

28.

Occhi
stesi ad asciugare
lavacri
di Luce distillata.

Il Tempo
è nel suo
Cerchio.

29.

Rispettiamo i tempi del Viaggio
e i viaggiatori

il Cammino ringrazia i bagagli
dialoga con i paesaggi
traccia passi nel cielo come sulla terra
conquista integrità
nell'abbandono di scampoli di Sé
oltrepassando confini.

30.

Ardente primavera
il tuo arrivo improvviso
la tua risata sommessa
la fragranza del tuo promettere
senza assicurare certezze.

Leggero è l'abito
con il quale ti accolgo
in una Cerimonia silenziosa
insieme agli Spiriti lievi
lontano da occhi grossolani.

DICHIARAZIONE DI GRATITUDINE

Amo molto la parola *grazie*, che pronuncio spesso.

Ringraziare significa onorare il dono che ha portato un valore aggiunto alla propria vita.

Nella felice occasione della pubblicazione di *La Natura della Luce* desidero ringraziare l'editore Nicola Bergamaschi, che con la sua appassionata umanità ha permesso che la Poesia da cui mi sono lasciata attraversare raggiungesse tutti voi, che ora potete leggerla e viverla.

Ringrazio i miei genitori Paola e Luigi, entrambi talentuosi autori, che mi hanno donato l'opportunità di esprimere i miei talenti.

Ringrazio la Poesia, per dare un significato ai miei passi in questa dimensione.

Grazie.

*Tre Pagine Speciali
(le Radici, il Tronco, il Fiore)*

LE RADICI

Radice è origine, primo respiro, fonte di vita.

Le radici nutrono il nucleo essenziale dell'Essere, e chiedono di essere onorate.

Le mie radici più prossime sono i miei genitori, le Anime che ho scelto per incarnarmi in questa Terra. Paola e Luigi mi nutrono, ancor prima della nascita, con il loro Amore e l'ispirazione che mi offrono attraverso l'esempio del loro cuore e l'espressione dei loro talenti.

La Natura della Luce è dedicata a loro, che nutrendomi d'Amore mi hanno donato l'opportunità preziosa di portare a mia volta un nutrimento, come Essere Umano sul cammino della consapevolezza e facendomi canale dello Spirito dell'Arte.

IL TRONCO

Il Tronco è la parte dell'Albero che resta salda nella tempesta, proteggendo la vita nelle intemperie, e offrendosi all'abbraccio.

Il mio supporto incondizionato va a tutte le associazioni che si occupano del ben-essere degli Esseri Animali, nostri fratelli di un'altra specie, cari al mio cuore fin da bambina.

Ho sempre sentito una profonda connessione animica con gli Esseri Animali, che amo rispettandone la dignità di Esseri Viventi senzienti.

Come Comunicatrice Animale ho avuto l'onore di comunicare con molti Esseri Animali, approfondendo la conoscenza della loro modalità di relazione con gli Esseri Umani con cui condividono la vita, improntata alla purezza d'Amore di cui sono Maestri.

Vi invito a scegliere una associazione che si impegni per la tutela della vita degli Esseri Animali, offrendo loro il vostro contributo: in termini economici, di tempo, o di promozione delle attività e campagne di sensibilizzazione.

Qualora non ne conosceste alcuna, potete contattarmi e sarò lieta di indirizzarvi.

IL FIORE

L'Essenza del Fiore esiste in potenza anche quando non è ancora visibile, e viene alla luce quando il momento per nascere a nuova vita è maturo.

Dedico questa pagina ai Giardinieri Guida che aiutano i fratelli del genere umano a fiorire nell'espansione delle proprie potenzialità, lungo il Cammino della Coscienza.

Rivolgo il mio ringraziamento a chi mi ha permesso di sentire la fragranza del mio bocciolo, e nutrire fiducia nella possibilità di fiorire in un meraviglioso giardino, attraverso il quale condividere Bellezza.

NOTE SULL'AUTRICE

Gaia Diana Dalia Gulizia, artista.

Artista sulla via dello Spirito, vivo l'Arte come un'alchimia spirituale, che favorisce l'espansione dello sguardo interiore.

Una naturale predisposizione a esplorare i paesaggi interiori mi ha condotta a intraprendere studi umanistici (liceo classico e laurea in Dams Teatro) e un lungo percorso di ricerca in ambito artistico e spirituale.

Intreccio messaggi di Bellezza e Coscienza attraverso i veicoli della poesia e del canto, della performance teatrale, della fotografia, e della video-arte di narrazione poetica.

Racconto arte e cultura, percorsi nel mondo e Incontri di Viaggio, attraverso il mio blog culturale ed eventi dal vivo.

Mi occupo di Cura della voce dell'Anima attraverso il Nāda Yoga (Yoga del Suono), l'Armonizzazione Sonora, il Reiki (metodo Usui) e la Comunicazione con gli Animali.

Continuo a viaggiare lungo il Sentiero dell'Arte Cosciente.

https://gaiagulizia.wixsite.com/incanto

http://profondoviaggio.it/